Ô deux !

Parcours initiatique vers le Bonheur...

Christelle Garrigue

Dédicace

Pour ce que je souhaite

Que le monde retrouve le

"Je" d'enfant

Afin qu'il puisse

Se transformer en

"Jeu" d'adulte...

PROLOGUE

Pourquoi ce livre?

Et pourquoi l'écrire maintenant?

À des moments critiques de notre vie et surtout après les avoir surmontés, on se rend compte que rien ne doit être laissé de côté. Surtout pas les décisions qui engagent notre vie. Avant de partir ici, j'étais un professeur de français fatigué par la routine entraînée par mon métier, par tout le reste aussi...Un jour, on se lève et on en a marre, du moins on réalise que l'on a un virage à prendre ou pas. Dans les deux cas, le changement qui se dessine en nous semble être une nécessité, une survie pour échapper à l'ennui, l'habitude, la routine, l'inutilité de sa personne et tout plein de sentiments négatifs de la sorte. Si bien que le plus difficile est que cette entreprise de changement doit se faire de façon personnelle et individuelle. L'action doit être égoïste et ne doit trouver l'énergie et le courage qu'en sa propre personne. Sinon il faut accepter de mourir. Pas mourir physiquement avec le coeur qui s'arrête et tout et tout... non, non... une petite mort quotidienne pour perdre, tous les jours, un petit bout de soi-même.

Alors, en décidant de mettre un pied dans le vide, j'acceptais aussi un voyage spirituel. Je me suis interrogée sur mes passions, mes désirs qui faisaient que c'était moi et heureuse de l'être. La création a imposé sa loi. Une évidence. Des questions aussi. Des doutes surtout. On ne peut pas vivre de sa création, pense-t-on, c'est trop risqué! On ne gagne pas sa vie grâce à sa création, a-t-on l'habitude d'entendre; c'est trop aléatoire! Et puis plein de trucs du genre: Les gens ne vont pas croire en moi. Ça ne sert à rien. Ce que je fais n'a d'utilité pour personne. Quand je vais vouloir le dire aux gens autour de moi, ils vont me prendre pour une dingue. Sauf que... toutes ces pensées sont des croyances, pas des faits.

Ma reconversion en tant que professeur d'arts plastiques fut un premier pas vers ma liberté et mon émancipation personnelle. Elle prenait en considération en même temps la prise de risque à travers le changement de discipline et reconsidérait mon aspect artistique. Je laissais enfin à ce côté artistique une place. Bien que tout cela semble bien timide. Car je ne me rendais pas encore compte que j'allais devenir une artiste dans l'ombre de moi-même. J'allais être ma propre ombre sans rien mettre en lumière véritablement car je ne prenais finalement aucun risque avéré. Pour assumer quelque chose, sa vie, il faut y être engagé, en être responsable corps et âme, et là, pour le coup, j'avais eu la lâcheté de ne donner que mon corps. Mon âme?... Pas encore!

Et puis, la décision de partir ici m'a coupé l'herbe sous les pieds, enfin... si je puis m'exprimer ainsi...en quelques sortes. Il fallait, non pas oublier mon métier d'enseignante... et de français... et ma reconversion en tant que professeur d'Arts Plastiques, il fallait prendre appui sur mes expériences pour continuer ma route. Pour le moment, la vie devant moi semblait se dessiner autrement. Assurément cela allait me faire réfléchir et me guider vers moi.

Des instants longs de solitude.

Seule, seule, seule.

A penser à ceux que l'on aime et qui sont loin.

Seule, seule, seule.

A devoir occuper les journées quand il n'y a rien à faire.

Seule, seule, seule.

A chercher. A fouiller. A tâtonner. A échouer. A recommencer. A retomber encore. A se relever.

Seule, seule, seule.

Et puis peu à peu, les jours se remplissent. Et tu cherches toujours ce qui te donnerait un petit sourire, une petite envie, et tu te raccroches. A tout. Même à la misère.

Et ça te fait réfléchir. Délicieux déclics qui arrivent et qui réjouissent!

Peu à peu...

Sans dire mot...

Qui viennent à toi.

Et voilà.Tu penses. Tu réfléchis. Tu fais le point. Tu interroges. Tu prends le temps de tout cela...

Tu reconsidères les choses différemment. Avec un regard nouveau et neuf de tous jugements hâtifs.

Et un jour tu sais...

Alors j'ai écrit.

Sans me dire que ça marcherait.

Juste écrire contre l'oubli.

Pour immortaliser des pensées.

Sans me dire que cela pourrait intéresser quelqu'un, parce que le quelqu'un c'est d'abord moi!

Sans être encore capable de partager.

J'ai donc décidé aujourd'hui de ne pas rester dans l'ombre, de me montrer, de mériter ma confiance et de mériter d'oser vous montrer mes écrits. Parce qu'il n'existe vraiment de talent que lorsqu'on a de l'audace. J'espère juste être entrain de me défaire des étiquettes, des carcans culturels, éducatifs, sociaux, qui nous enferment et nous empêchent d'avancer, ou mieux, de vivre notre vie. A nous maintenant. Parce que notre unicité n'a ni d'égal ni de prix. Et que mettre de côté notre unicité, c'est nous empêcher de grandir, c'est nous réduire, c'est ne pas nous laisser ou nous accorder la consistance que l'on a et que l'on mérite de s'octroyer. Retrouver l'enfant qui est en nous et accomplir nos rêves. Un enfant n'a pas envie de travailler. Et il a bien raison. C'est une souffrance que ce "tripallium". Par contre, il veut être heureux. Si un adulte réfléchissait dans ce sens, il pourrait obtenir un métier qui l'intéresse et surtout donner du sens à sa vie. Car qu'est-ce que la vie si elle n'a pas de sens?

J'ai voulu donc recréer du sens.

Du sens à travers les mots. Les miens.

ACCÈS LIBRE A L'OXYGÈNE:

Pour le lecteur, en AVANT-GARDE.

Je t'informe, lecteur, que ***Ô deux!*** est un Parcours Initiatique.

Ce livre te veut du Bien. Il va te guider vers le Bonheur.

Avant d'y arriver, nous passons forcément tous par des périodes délicates. Pour réussir à être heureux, tu peux prendre le pari de te plonger dans ***Ô deux!*** , mais tu auras besoin de quelques codes qui te seront indispensables à sa lecture!

Parfois, lorsque nous lisons un roman, un article, un recueil ou un essai, nous éprouvons tellement de sensations, de sentiments et d'émotions que nous avons presque l'impression de manquer d'oxygène. N'aie crainte! Si tu manques d'air, si tu suffoques ou si tu as besoin de reprendre de l'oxygène nécessaire à ta survie, va chercher *La LITTLE ENVELOPPE* au fond du livre. Son contenu te fournira l'oxygène indispensable pour continuer ton Parcours Initiatique.

Toutefois, si tu te sens le courage, la motivation, l'envie de continuer sans l'ouvrir, tu pourras aussi t'en passer!

Cette *Little Enveloppe* constitue donc ta première aide de lecture et de gestion de ta lecture. Il s'agit-là d'un premier code!

Attends, ce n'est pas fini...

Puis, le second code sera un code couleur. La mention "MOI" de mon personnage sera toujours écrite en rouge, la mention "TOI" de ton personnage, lecteur, sera toujours écrite en vert, afin que tu puisses déambuler dans ta lecture sereinement, comme si tu pouvais déambuler dans ton jardin (secret).

Attends, ce n'est pas encore fini...

Invente-toi un prénom pour ton personnage, afin de faire corps avec lui. Celui que tu aimes, celui qui t'éclate, celui que tu aurais voulu donner à la fille ou au fils que tu n'as jamais eu. Un prénom d'un être aimé disparu. Aussi. Pourquoi pas. Il sera une partie de toi. Mets-Toi à l'aise!

Des espaces sont à remplir par toi, lecteur, surtout et souvent à la mention Toi, qui t'est réservée, toi qui m'accompagnes dans cette quête de la paix et du bonheur. Au fil de ta lecture, tu vas rencontrer des manques, des vides, des espaces vides. A l'aide d'un crayon de papier - c'est mieux que le stylo, car tu pourras gommer -, tu auras l'opportunité de noter, d'écrire l'expression d'un sentiment spontanément ressenti, de dessiner même... de croquer aussi, d'ajouter un peu de ta personnalité...

Prends le temps de partir à ta propre découverte, à travers ce livre du Bonheur!

L'objectif de tout cela est bien que tu aies l'envie de devenir l'auteur du livre que tu auras lu. Il est bien question ici de créer une interaction entre l'auteure et les lecteurs, entre Toi et Moi, afin de converger vers une oeuvre collective où le "ON" serait prédominent. L'idée est que l'écrivaine ne soit plus celle à laquelle tu penses mais que "TOI" devienne l'auteur! Sois ta propre matière! Écris-toi toi-même et tu te sauveras!

Comme le personnage Stella,

Ose ta transformation!

Il n'y a pas de restriction à essayer d'être heureux! Aide-toi seulement de mon Parcours Initiatique pour tracer ton propre chemin. A la manière d'une radiographie, pénètre à l'intérieur de ta chair pour y toucher tes os solides ou défaillants. Pour remettre droit ton squelette. Une fois droit, orne-le de chair malléable et consistante associée à des rubans colorés, des ornements qui habilleront ton corps de valeurs nécessaires à ton Bien-Être. Comme l'artichaut, écoeute-le pour en découvrir le cœur!

Attends, ce n'est toujours pas fini...

De plus, si quelques mots ou phrases t'inspirent quelques notes de musique par-ci par-là, tu pourras composer ta chanson si tu as l'âme musicienne. Sinon, tu pourras aussi chantonner le refrain que t'auront inspiré ces notes!

Attends, ce n'est décidément pas fini...

Et pour terminer avec les codes, ose corner les pages, les déchirer même afin de te créer des marque-pages ou des marque-mots; tu retrouveras plus facilement les mots que tu as aimés lors de ta lecture et qui, très certainement, ont fait sens pour toi. Comme pour faire de ces mots ou de ces phrases un petit guide de vie.

En tous cas, Tu as de la valeur,

Cherche-la,

En tous cas, Tu as confiance en toi,

Trouve-toi,

En tous cas, Tu aimes la vie,

Ose.

N'attends plus, commence...
Viens, je reste près de toi...

STELLA

Vendredi 19 janvier 2018, 22h06.

Avant même de lire le contenu de la première page, je lus le titre de ce livre qui aiguisait ma curiosité et j'avais hâte à présent de l'ouvrir pour découvrir ce qu'il recouvrait à l'intérieur.

Allongée paisiblement sur mon lit, les jambes croisées et à peine relevées pour faire maintenir le livre sur mes genoux, je le pris dans les mains, caressais sa couverture. Il me fallait être douce pour lire ce qu'on avait oublié de me dire! Puis, je tournai le livre relié de cuir beige pour pouvoir y découvrir le résumé.

J'espérais aussi voir le visage de son auteure avec un petit bout de sa biographie. À mon grand étonnement, je ne vis pas grand chose... du moins pas comme à l'accoutumée...

Ce que je vis me remplit de mystère... une petite enveloppe toute mini, un peu boursoufflée, fermée par un petit sticker en forme de branche de laurier. Que pouvait-ce être? Et puis, pourquoi?

Il y avait sans nul doute quelque chose à l'intérieur de cette enveloppe. Mais il était écrit dessus:

A N'OUVRIR QU'EN CAS DE PERTE D'OXYGÈNE!

Mais, bon sang, je n'allais pas manquer d'oxygène, je n'allais pas mourir en lisant ce foutu livre, je n'allais pas en perdre ma respiration... Cependant, le lire devenait pour moi comme un défi lancé à moi-même! Allais-je pouvoir découvrir le contenu de cette *LITTLE ENVELOPPE*? ... Au détriment de mon oxygène? Au détriment de ma vie?

J'avais déjà le sentiment d'en manquer pour pouvoir ouvrir ce petit bout de papier, qui, d'anodin, devenait un graal.

Alors, comme je respirais parfaitement, je me suis mise à ouvrir le livre. Et ce que je vis sur la première page était plutôt saisissant. Il était écrit en lettres capitales:

SUIS-MOI

Non, il ne fallait pas ÊTRE... plutôt il fallait SUIVRE.

Je comprenais qu'ETRE MOI était impossible... et que j'allais finir par ouvrir trop rapidement la LITTLE ENVELOPPE.

Je comprenais aussi très bien qu'Etre Toi était primordial et que je devais, peut-être, te laisser la primauté de l'ouverture de la Little Enveloppe.

Mais je réfléchissais et compris que ME SUIVRE m'entraînerait dans un je-ne-sais-quoi qui m'aiguisait et excitait mes sens. Je comprenais aussi que je n'avais même pas commencé le livre que, ça y est, j'allais être transportée dans un tourbillon délicieux de tendresse et de bien-être, ce qui me fit saliver ! Et, puisque j'avais décidé de suivre, de continuer, d'avancer... Je tournai une autre page, puis une autre...

Sur celle-ci, mes yeux se remplirent d'eau. Je fus touchée non pas par les mots mais par le partage que cela impliquait. Voici ce qui y était noté :

Pour Toi, lecteur, j'ai beaucoup travaillé pour que tu puisses enfin me câliner, me tenir entre tes mains.

Pour Toi, lecteur, j'ai manqué d'oxygène pour savoir ce que tu aimerais découvrir dans la *LITTLE ENVELOPPE*.

Pour Toi, lecteur, j'ai marché à genoux pour faire exister mon histoire.

Pour Toi, lecteur, je me suis mise à nu.

Pour Toi, lecteur, j'ai écrit sans savoir si mes mots te plairaient ou t'embarasseraient.

Alors, lecteur, tu vas m'aider pour que mes maux soient moins douloureux.

Alors, lecteur, tu vas essayer... d'écrire.

Tu prendras, si le cœur t'en dit, un crayon et tu travailleras pour Moi, pour Toi, pour l'univers.

Sois l'artisan de ta vie !

Tu deviendras le héros de ce livre, moi qui t'ai trop souvent imaginé. Et quand tu arriveras à la limite de ta respiration, alors tu récupéreras d'abord la branche de laurier qui ferme la **Little Enveloppe** et tu prendras alors son magnifique contenu. Tu garderas la branche de laurier dans ton portefeuille. Elle te protègera. Tu garderas en cadeau ce que tu auras compris que je t'offrais, moi qui suis au-dessus des mots que tu liras, comme pour te regarder les lire, en silence.

D'ailleurs, de temps en temps, caresse les mots que tu trouves beaux ou laids... tu sentiras peut-être des frissons te parcourir le corps. N'en sois ni étonné, ni affolé, ils te diront peut-être ce que tu dois écrire avec ton crayon de papier, sur ces espaces dédiés à ta prose. Sens-Toi libre, choisis. Mes mots ne seront pas les tiens. Tes mots ne seront jamais les miens. Mais l'important n'est pas dans l'appartenance, l'important sera dans la chair de poule, lecteur, ... oui ... dans les frissons que nos mots créeront. En nous. Pour nous. Par nous.

Allez... tourne la prochaine page. Je te jure, ce sera pénétrant...

TOI

Mardi 3 juillet 2018, 11h00.

'éprouvais à la fois une certaine réticence et une excitation certaine à tourner cette page... Je ne savais pas ce que je souhaitais y voir écrit...ce que je voudrais lire. Moi si réfractaire à Toi. Je me laissais happer par une sorte de lâcher-prise qui me convenait et me faisait du Bien. Quand j'y pensais, mon désir avait pris le pas sur mes appréhensions. Je voulais ressentir la sécurité d'être Moi à travers Toi ou Toi à travers Moi, je ne sais pas... Mais je souhaitais envisager le courage d'être ma propre personne, en toute sécurité. Une fois cette sécurité mise en place, je pourrais réaliser mes rêves. Ou du moins les prendre au sérieux. Car, en ouvrant le champ de mes possibles, je me suis ouverte, j'ai élargi ma réalité. Stella me donnait l'opportunité de m'écrire à travers l'Ô2!

Stella tournerait les pages avec moi. Assurément. Elle m'aiderait. Elle me guiderait. Je lui ferai confiance. Ça y est! Elle a toute ma confiance! Je commence à la connaître Stella... Stella la belle... Stella la joyeuse... Stella la sensible... Stella la pénible... Stella l'authentique...

Allez... je la tourne cette page... Allez Stella, viens... emporte-moi... dis-moi... fais-moi partager ton trop plein d'Amour... pour que je puisse prendre un peu de graine...

Et que je grandisse. Pas en hauteur... non... non...C'est fini ce temps-là de ma croissance! Mais grandir en masse. Grossir. Avec les protéines de l'amour. Avec les additifs et les conservateurs répartis dans mon corps, dans ma tête et dans mon coeur.

Allez! Allons-y, j'ai hâte d'explorer...

MOI

Lundi 29 janvier 2018, 6h02.

E t c'est ainsi que Stella prit délicatement le bout de la page avec les doigts pour la tourner. Il fallait tourner la page! Rester dans l'inertie provoquerait l'enlisement à coup sûr! Et ça, connaissant Stella, ce n'était pas envisageable.

Une page de couleur ocre apparut soudain.

Ocre... oui... c'était bien sa couleur, à Stella, celle qui illumine, qui enchante et qui éclaire l'univers. Sur ce lever de soleil majestueux se tenaient quelques groupes de mots, disposés en quinconce et qui étaient écrits à l'encre noire. On pouvait lire:

NE DÉCHIREZ PAS LA SOIE DE MON IMAGINATION!

ntriguée, Stella eut un rictus à la lecture de ces petits groupes de mots poétiquement mis à la queue leu leu et qui galopaient sur l'ocre de la page. Les mots avaient pris leur aise. Ils dansaient, riaient, grimaçaient. Ils se sentaient tous libres de vivre enfin!

Pas entassés.

Pour une fois.

Pas coincés entre des mots inconnus.

"La soie" faisait sa vaniteuse. Elle se pavanait, la coquine.

"Mon imagination", Elle, se parlait à elle-même, faisant sa sérieuse. C'est qu'elle était plus encombrante et prenait plus de place que son amie riquiqui jolie! Alors, tandis que l'une tentait de marcher avec ses talons hauts, ce qui lui faisait tourner son O; l'autre, tête baissée, la main se tenant le menton, faisait semblant de réfléchir et ne s'arrêtait pas de tourner, et retourner, et re-retourner... à en perdre sa "nation"!

Tout à coup, ne sachant plus comment raccrocher son "image" à sa "nation", elle s'assit sur le bord de la p[l]age, les pieds ballants en essayant de se remettre les points sur les i. C'est qu'il ne fallait pas trop se pencher, sinon tout aurait pu tomber à l'eau... et "mon imag..." aurait emporté avec elle ma ... "nation" ...

Stella se rendait compte de la tragi-comédie de la situation à laquelle elle aurait pu assister si, "Dame Soie"n'avait pas accouru pour retenir son amie. Elle était tellement fine... On pouvait lui faire confiance, à elle... puisqu'elle avait compris qu'il fallait rester à côté de son copain de jeu "pas". Il la protègerait, c'est sûr... au moment venu! Il avait lui-même son pote...pas loin... de l'autre côté de la déchirure. "Ne", quant à lui, avait tous les droits. Il était le premier. Son grand corps tout droit, bien repassé, le faisait poser sur son trône d'empereur. Tous deux encerclaient le mot qui avait le verbe acerbe. Ils le maintenaient... comme ça... sans bouger... sans toucher la soie, qui, au moindre accroc, aurait eu sa magnifique image déchirée. C'est qu'elle avait ses gardes du cœur, la belle en soi[e]-même. Elle avait su s'habiller de son paravent comme la rose du Petit Prince. Elle n'était pas si fragile...

Comprenant que l'ordre devait être rétabli, les groupes de mots se remirent tous en place. Les uns après les autres... comme ça... dans le silence de la page presque entièrement ocre. Heureux d'avoir festoyés, heureux de s'être rencontrés, ils savaient désormais qu'ils pouvaient se serrer les Lettres...

Stella était aux anges. Elle comprit que rien ni personne ne déchirerait, jamais, la soie de son imagination...

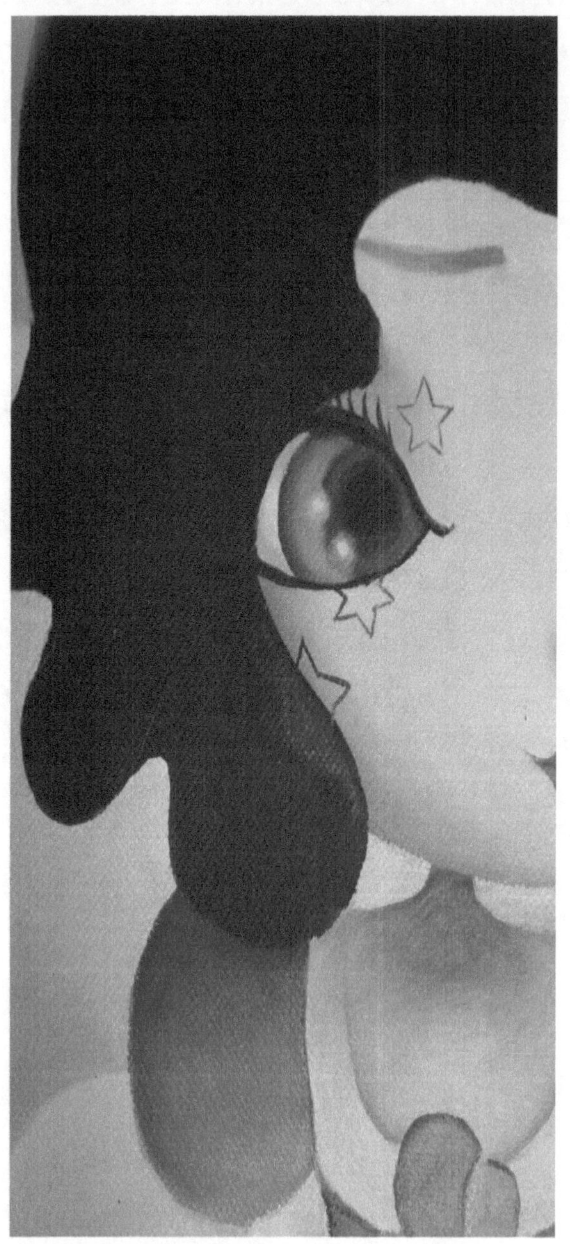

———————

Date inconnue ou envolée.

La délicatesse avec laquelle Stella me faisait comprendre la vie m'émerveillait. A travers la soie de son imagination, à travers le don qu'elle faisait d'elle-même, je pouvais entrevoir la mienne.

Qu'est-ce que je ne souhaitais pas "déchirer"en moi? Pour Stella, c'était "la soie de son imagination"... Et pour moi...? Qu'était-ce?

Il faudrait réfléchir à une transformation positive, à quelque chose qui permette de changer, de bouger, de se secouer...

Qu'est-ce que Stella avait décidé pour sa transformation? A coup sûr, elle réfléchissait et pensa à Sisyphe...

STELLA

MOI

Vendredi 26 janvier 2018, 4h04.

Stella se retrouva au pied de cette montagne. La soie de son imagination était faite de porcelaine qu'il fallait protéger et surtout ne pas faire tomber.

Elle mit tous ses efforts pour la garder intacte, belle et forte.

Elle pensa alors à Sisyphe dont le mythe lui avait insufflé une sorte de philosophie de vie, un exemple.

Voici le récit qu'en a fait Stella:

Une fois la montagne gravie, Sisyphe est propulsé dans la vallée. Ce qui symbolise bien-entendu les efforts pénibles à monter... à aller vers les cieux pour y découvrir l'amour, la quiétude... et une fois en haut, on redescend...la vie?... Je ne sais pas... En tous cas, Stella a décidé de toujours monter. Ça fait mal. Elle est parfois en perte d'oxygène et elle a mal à son corps, mais elle peut choisir de faire des pauses, de souffler, de respirer, de regarder vers le bas pour l'encourager de continuer à monter. Sa montagne est sans fins. D'ailleurs, ce n'est pas une montagne! C'est une pente! Une côte! Parfois, les vents la poussent en arrière et l'incitent à tomber, à perdre l'équilibre, à flancher. Les vents lui fouettent le visage. Mais ses mains les repoussent. Elle crie. Elle fait du vent avec le souffle de sa bouche. Elle essaie de faire de ces vents redoutables ses alliés pour persévérer dans son ascension.

Alors parfois, elle se blottit sur elle-même, jusqu'à se coucher. Faire corps avec la terre, celle d'où elle vient. Elle l'embrasse. Elle lui dit toute sa désespérance. Et la terre lui donne le courage de se relever. La terre a été tellement reconnaissante de ses pleurs qui lui auront bien servi à s'alimenter, cette terre nourricière! Les yeux de Stella lui ont donné l'eau nécessaire pour croître, et en remerciements, la terre donne à Stella la volonté d'avancer dans sa grandeur d'âme. Alors voilà que Dame Nature la pénètre et la comprend. Elle lui montre le chemin des étoiles. Il est long le chemin. Escarpé. Étroit. Parfois il faut le chercher. Débroussailler. Mais pendant que Stella cherche, elle monte encore. Elle sait que Cerbère se cache et l'attend. Elle sait que l'Enfer est proche et qu'il lui a déjà trop ouvert ses portes. Elle sait que le Paradis lui sourit. Elle sait qu'un jour elle se présentera à lui, et elle souhaite pouvoir lui dire ces quelques mots pour qu'il l'accepte: - « Je sais... mais j'ai aimé. Je sais... mais j'ai été aimée. »

Stella a oublié de te dire, lecteur, qu'elle s'efforce de rebrousser chemin lorsqu'elle voit la descente vertigineuse arriver...

Et puis, tu sais... il ne faut jamais avoir peur de manquer d'oxygène. Ce sont dans les moments les plus désespérés que naît la présence insoupçonnée de notre capacité à ne jamais renoncer. L'arc-en-ciel ne peut exister sans la pluie. Le soleil, seul, ne produit aucune couleur. Il éblouit et brûle. L'orage et la pluie rappellent à l'ordre, purifient, lavent. L'humanité a besoin des deux comme l'amour a besoin d'une paire pour s'épanouir.

Alors, toi qui lis, regarde le soir les étoiles. Je suis juste là, posée sur la Grande Ourse à égrener Mon chapelet, tout en murmurant un *Ave Maria*. Les étoiles s'approchent de moi. Elles posent délicatement une de leurs branches sur mon épaule et me donnent le chemin. Vers toi. Viens. Monte avec moi. Monte vers moi. Fais cette ascension en apesanteur. Ton corps aura la puissance d'une fusée, ton coeur parcourra l'espace à la vitesse de la lumière. Et tu me surprendras, comme ça... comme deux enfants qui jouent à cache-cache. Parce que, ce soir, je me sens vide, comme après avoir étreint mes rêves et je mesure la chance de te rencontrer, toi qui ne me connais pas et qui me connais tellement si bien. Stella s'enchevêtre, s'interpénètre et tu deviens une Muse dont l'écriture fait frémir au doux son de la lyre.

Mardi 3 juillet 2018, 11h30.

Je trouvais absurde de rencontrer des gens, de travailler dur, d'être dans la frénésie de la vie stressante sans prendre le temps de me rencontrer d'abord. Je commençais à comprendre que mener une vie trépidante me rassurait. Cela m'empêchait de penser, de réfléchir, de me poser les bonnes questions... Et surtout de ne pas me laisser le temps de trouver les réponses et encore moins d'envisager des solutions. Du coup, prendre le temps m'effrayait. Penser...!!! C'est mortel de penser...!!! Tu te rends compte que, parfois, il ne vaut mieux pas! Alors, repartons vite dans une vie trépidante... là où les problèmes des autres deviennent tes problèmes. Et ça te rassurerait presque d'entendre les problèmes des autres...

cela te permettrait souvent de penser que tu n'en as pas... de problèmes! Et tu te crois meilleur...Et ça te rend heureux... que tu crois!

Comment pouvais-je alors accepter de parler, d'écouter, de conseiller les autres sans, au préalable, l'avoir fait pour moi-même? Ne pas le faire pour moi était un manque de respect. Une infidélité à mon égard. Une sorte d'illusion que je finissais par m'offrir. Un cadeau empoisonné. Une trahison aussi. Moi empreinte de vérité!

Écouter...oui... de la musique... oui... de la musique. Pour sentir et puis ressentir...des vibrations corporelles. Comme dans une salle de concert. Comme quand le son est tellement puissant que ton jeans se décolle de la surface de tes jambes!

Qu'est-ce que Stella était encore donc capable de me faire comprendre?

Je tournai vite la page pour la lire!

STELLA

MOI

Mercredi 31 janvier 2018, 00h32.

ui...Stella le savait bien... cet *Ave Maria*... c'était l'émotion qui la foutait en l'air! Tombée du dix-huitième étage: raide morte, la Stella! Comment se passer de ce qui vibre en elle, de ce qui fait qu'elle est tellement Elle, tellement Une Autre et tellement Rien!

Facile à dire... vas-y, lâche-toi, putain... écris, ébouriffe-toi et c'est comme ça que tu dépotes! Woueh... facile à dire! Sortir de soi-même... de ce putain de carcan sociétal qui te cerne, qui te comprime la poitrine et te rend fou.

Woueh... facile à dire de ne pas...! Fastoch' ... facile à dire...

Woueh... fastoch' ... tu me fermes ton coeur à clefs, comme ça... crac... à double tour... crac, crac... et on est tranquille comme ça !

Aidez-moi, sauvez-moi... Je suis au supplice et je pleure à chaudes larmes comme une misérable ménagère qui pelle son oignon pour ajouter du goût à son pot au feu ! Elle sait qu'elle va pleurer... elle s'y prépare... elle éloigne son visage de sa main qui tient fermement l'objet rond et roux. Elle le sait, mais elle prend le couteau et enlève une à une les pelures tantôt épaisses et consistantes, tantôt fines et transparentes... Elle ne pleurera pas de suite... C'est qu'elle est habituée la ménagère... Elle en a vu d'autres... On ne va pas le lui faire à elle, le coup de l'oignon qui fait pleurer! Elle se sent tellement au-dessus des larmes, a-t-elle la prétention de penser. Alors, elle écoute de la musique... Si forte... Si forte que l'oignon danse dans sa paume, se contorsionne, glisse et tombe sur le plan de travail... en éclaboussant tout. Elle reçoit quelques gouttes et se met à chialer...

mais à chialer... un truc de ouf... Elle ne comprend pas pourquoi... elle ne veut pas... elle veut sourire à la vie... elle veut rire avec elle... elle veut s'éplucher... marre des couches et des couches de protections affectives, marre de ne pas aller au coeur des vérités terrestres, marre de se mutiler pour parvenir à voir la transparence de son âme. Elle avait envie de devenir le « titoulet » de la cocotte minute qui tourne pour avoir bien cuit. Elle avait envie de hurler son intérieur, de le vomir presque. Elle avait envie de devenir cette danse sans transe qui l'accompagnait dans ses délires délirants. Elle avait envie de vibrer, de s'évanouir d'avoir trop aimé. Elle avait envie de dire qu'elle n'oubliait rien ni personne, qu'elle avait un coeur d'artichaut et qu'elle finirait par se déshabiller de ses couches successives qui lui collaient tant à la peau. Elle avait envie d'être nue, dans la beauté naturelle de la nudité de son corps qui lui parle souvent, qui a envie de transpirer, qui a envie d'ouvrir ses pores à la douceur de la caresse chaude d'un soir d'hiver.

Elle avait envie de devenir une femme dans le corps d'une femme, une de ces femmes envers et contre tout, une vraie quoi! ... Il lui en restait du chemin... oui... beaucoup... et elle marchait. Tantôt droite comme un **i**, tantôt légèrement recroquevillée comme un **c**, tantôt en slalomant comme un **s**... mais elle n'en perdait jamais son latin! Elle, si latine! Elle, si lascive. Elle marchait, espérant juste ne plus avoir à se retourner. Mots comme sortis d'une trompette, elle se répétait sans cesse:

CARPE DIEM... CARPE DIEM... CARPE DIEM...

Avance... **Apprends** de ton passé, **jouis** de ton présent et **n'anticipe pas** sur ton avenir...

Carpe Diem..., se martelait-elle, dans sa voix intérieure.

- Oui, j'ai aimé... oui, j'aime... oui, j'aimerai...

L'amour était sur son chemin... sans oignons. Elle avait revêtue sa jupe d'artichaut. Elle se mettait à chanter en chœur. Un autre **Ave Maria**?

Les colibris agitaient leurs ailes autour d'elle. Ils seraient assurément un beau présage...

carpe
diem

?

Je restais bouche bée. Stella osait mêler un

Ave Maria

à l'oignon pelé... **Sacrilège!**

Je ne compris que plus tard le lien qui unissait les deux...

C'est alors que je décidais de profiter du moment présent...

STELLA

Absence de date, trou de mémoire.

près toutes ses émotions qui bouleversaient Stella, elle avait recouvert ses esprits. Youpi! Les choses s'étaient apaisées et elle pouvait alors penser à s'éclater... vraiment! Les colibris dansaient près d'elle, comme pour célébrer le printemps.

Soudain, il lui prit l'envie d'aller à la campagne. Pour marcher. Pour se dépenser. Pour faire corps avec sa propre nature. Doucement. Tandis qu'elle marchait, ses pas écrasaient les feuilles dorées d'automne qui crissaient sous ses bottes de caoutchouc. Elle s'était habillée pour la circonstance... pour braver la pluie, le blizzard, les flocons même! un imperméable jaune de marin, une casquette qu'elle portait à l'envers, comme les adolescents..., un pantalon de toile épaisse sur laquelle l'eau tombée du ciel pouvait ruisseler sur ses jambes. Elle était parée pour la...pour une tourmente, elle s'y était préparée...

Elle mettait les pieds l'un devant l'autre sans trop savoir où elle irait. Elle aimait l'imprévu, l'imprévisible, la surprise et les rencontres... aussi petites puissent-elles être!

Des feuilles à écraser, de la boue à éviter, de l'herbe bien verte et dense sur laquelle elle pouvait poser son pas. Bien-sûr, elle le poserait sur cette herbe bien fraîche au lieu de salir ses souliers lustrés et vernis dans la mélasse! ... Mais elle ne voulait pas non plus détruire la beauté de cette pelouse épaisse qui ne demandait qu'à pousser. Alors, elle s'arrêta. Examina les lieux. Fit un choix.

SAUTER ...

S'envoler dans les airs. Être propulsée pour ne pas blesser. Mais comment alors y parvenir si l'on prenait le poids de son corps proportionnellement inadapté à l'apesanteur terrestre et, à fortiori, céleste. Avait-elle une autre solution?

Oui... Devenir un oiseau...

Mardi 3 juillet 2018, 14h07.

Voler... Se sentir léger... Seul dans l'immensité spatiale, comme pour seuls compagnons de voyage des avions, des hélicoptères, d'autres espèces volantes ... Et, en bas... l'eau...

STELLA

Lundi 5 février 2018, 19h36.

S tella était bien là, en bas... Tu la voyais, les pieds ballants sur la p[l]age. Elle essayait de regarder droit devant, pour te voir, pour te retrouver, pour te rencontrer. Elle était poussée par une force inexplicable qui la propulsait vers le futur.

Elle tourna la tête, pour voir si hier n'était bien plus aujourd'hui... elle sentait qu'elle t'avait dit des choses, hier, de ces choses sincères qui touchent, blessent, heurtent, dans un Amour propre... Elle l'avait exprimé avec sa tête, avec sa raison raisonnable et tellement résonnable !

Qu'est-ce qu'elle pouvait bien te dire de plus, de moins ?... PLEIN de choses bien sûres, mais impossible de se lâcher, comme emprise sous une chape de plomb... pour souffrir... Non... pour être... Il lui semblait que ses paroles auraient pu être des ennemies, elle qui voulait vivre pour le paradis. Oui, elle avait dit... certaines choses... que tout le monde aurait pu dire. Des trucs du lieu commun... Des trucs avec sa putain de tête... des trucs si affirmatifs qu'ils en perdraient presque de l'exclamative. Oui, elle avait donné sa tête pour ne pas donner son coeur.

Stella avait envie de prendre le large... s'évader, avec Toi, son horizon, droit devant... avec cette forme qu'elle voyait au loin se dessiner. Inconnue et pourtant si connue. Ce qu'elle voyait, aussi imperceptible que ce fut, était comme un mirage. Cette forme informe et pourtant si palpable pouvait-elle exister? Elle ne l'avait jamais vue, toujours entendue... Et Dieu sait si elle aimait sa voix, son rire, ses intonations! Elle posa les pieds sur le sable fin et chaud. La chaleur l'enveloppait et provoqua chez Stella des frissons, perceptibles dans les poils dressés de ses avant-bras. Elle se caressa lentement et fit le premier pas. Avance Stella... N'aie pas peur... tu verras... ça ira... Elle fixait cette forme qui bougeait derrière un voile qui dansait au vent. Sa tête lui disait de rebrousser chemin, de ne pas avancer mais le mystère et l'envie étaient trop intenses pour faire machine arrière, enfin pensait-elle! Un mot. Une expression. Un comportement. Et elle repartirait... Elle ne savait pas que son coeur la guidait. Et il saignait. Rouge. Avançant et bravant tous les roulis des vagues qui la maintenaient à sa place, elle se mit à nager... C'est qu'elle nageait bien Stella... C'était une championne!

Le souffle court par trop de sanglots, elle comprit. Oui... Vous aussi, vous aurez compris... Sa tête, son coeur, sa raison, son désir... tout cela lui donnait le vertige, à la manière d'un strike au bowling.

A chaque passage de bras, ses mains tapaient l'eau pour mieux avancer. Elle ne connaissait pas la forme et pourtant, elle s'y rapprochait. Assurément. Comme une évidence.

Mardi 3 juillet 2018, 14h10.

Plus j'avançais dans ce livruzzle et plus j'avais la sensation de faire corps avec Stella. J'avais la douce et éphémère sensation de m'imbriquer à elle, de m'emboîter, d'être avec Elle comme les sardines dans une boîte à huile. Serrées mais bien alignées. Sereines.

Je prenais ces petits bouts de Moi pour en construire des petits bouts de Toi. J'essayais de mettre en correspondance les morceaux, de les associer, de construire ma forteresse, à plat sur la table du salon. A la manière d'une maquette, j'associais les pièces et les wagons étaient solidement tenus les uns aux autres, faisant confiance à la locomotive qui trônait en maître.

Parfois, je parvenais à entendre le petit clic des pièces qui s'emboîtaient grâce à la pression de mon index gauche.

Parfois, j'essayais, je tournais et retournais une pièce.

Parfois, je forçais, j'appuyais dessus pour intégrer le petit morceau de ma vie mais je savais pertinemment que j'aurai trop de difficultés à le faire rentrer!

Il me fallait lire encore... et lire encore... Stella n'en avait pas fini de raconter de petites histoires banales... Stella n'était pas rassasiée d'expliquer parfois le silence salvateur qui l'enveloppait et l'emportait.

Chut!...

Il fallait que je l'écoute. Encore...

Je sentais un souffle différent sorti de mon coeur.

Je sentais un tout-petit-quelque-chose qui bougeait en Moi.

Un vers solitaire?

Un vers solidaire?

Je n'aspirais pas à vouloir plus ...d'elle... de Moi...mais je crois bien que j'aspirais à *être* davantage...

STELLA

MOI

Samedi 10 février 2018, 4h57.

Stella ne savait pas trop quoi dire... ajouter... penser... C'est qu'elle réfléchissait... peut-être trop! Et, comme emportée par son sensible sens de sa propre sensation de vouloir la paix, elle ne dit rien de plus... rien qui aurait pu ne pas être une harmonieuse synergie et envoya à Stella, son double, ceci:

Elle qui écrivait toujours avec son coeur, son trop plein, son débordement débordant sur les bords, elle qui avait tant besoin de son alter ego, elle qui parlait fort... trop fort? ... ne s'était pas rendue compte que parler fort était un Mode de vie gaie, joyeuse... que c'était une habitude et que, bien-sûr, les gens qui la connaissaient, ne faisaient même plus attention. Elle voulait seulement rendre heureux. Elle aurait voulu dessiner, crayonner, esquisser au fusain quelques traits de son étoile. Elle aurait voulu partager le doux rêve d'atteindre son étoile qui filait. Aurait-elle le courage de se mettre à accélérer le pas? Aurait-elle le courage, l'énergie d'essayer de la palper, de la toucher doucement, de la serrer tendrement dans ses bras? Oui, elle le ferait. Assurément.

Samedi 10 février 2018, 6h52.

Elle commençait à me rendre heureux.

 Moi.

 râce à Toi.

Elle ne se rendit pas compte

Qu'en étreignant son étoile,

C'était mon coeur qu'elle embrassait.

STELLA

MOI

Samedi 10 février 2018, 14h00.

Magnifique!
Marchons, lui dit l'étoile.
Main dans la main...
Moi et Toi
Et Mon Bisou.

____

TOI

STELLA

MOI

Mardi 6 février 2018, 4h00.

Avec les mots si réconfortants de l'astre, Stella n'avait désormais plus les pieds dans le vide, elle ne tomberait plus du dix-huitième étage, elle avait seulement la tête dans les nuages cotonneux de ce beau jour de printemps. Le sourire béat, elle jouissait de la vie comme une enfant jouait à la marelle. Elle sautillait de nuages en nuages, sur le bout des orteils en chantonnant une de ces chansons douces que nous chantait notre maman.

Elle se sentait soudain libre... libre de quoi? ... Le savait-elle seulement? Elle semblait vouloir exister à travers un je-ne-sais-quoi qui la conduisait à se libérer peu à peu, dans la douceur d'une main tendue et dans l'écoute bienveillante d'une oreille bien faite.

Elle semblait vouloir crier son envie de se dire.

Elle semblait vouloir tellement qu'elle avait fini par se tromper. Par se perdre peut-être.

Pourquoi avait-elle crié, hurlé? Pourquoi s'était-elle emportée? Sans motifs...?

Le soleil, quant à lui, ne pouvait pas comprendre... C'était bien normal. Et pourtant, il avait compris. La sagesse certainement.

Dire la vérité, aller au plus profond de la clarté humaine, telles étaient deux de ses valeurs primordiales. Stella semblait vouloir le mériter, lui dire combien les mots non explicités avaient toujours abouti à des maux... et qu'elle ne comptait plus souffrir... qu'elle lui expliquerait un jour... peut-être... sûrement...

Aujourd'hui, Stella avait recouvert ses esprits. Redescendue de ses nuages moelleux et douillets, la paix était revenue. En elle. Elle pouvait alors penser à s'éclater... vraiment!

Elle remplissait ses poumons de l'air frais du matin et expirait tout ce qu'elle avait pu accumuler dans sa journée. Elle s'était habillée pour la circonstance. Chaudement emmitouflée dans son imperméable jaune de marin, Stella se sentait prête pour braver l'orage. Seule. Seule? ... peut-être pas. Elle ferma son blouson, se blottit dans son corps qui se faisait minuscule et marcha... regardant droit devant.

La pluie pouvait bien ruisseler sur son visage. La pluie pouvait bien mitrailler sa peau. La pluie pouvait bien se confondre avec le goût amer de ses larmes qu'elle ne retenaient plus. La pluie pouvait bien... elle mettait les pieds l'un devant l'autre...comme ça... l'un après l'autre... méticuleusement... comme ça... elle était reliée à sa propre terre. La pluie pouvait bien la flageller, la torturer, la blesser, la meurtrir... Stella ne pouvait plus parler par trop de sanglots retenus. Elle manquait d'oxygène, pour sûr... elle s'étoufferait...jusqu'à en crever.

Soudain, un arc-en-ciel. À coup sûr, le soleil reviendrait. Droit sur ses rayons. Digne. Stella marchait encore... encore... encore... toujours, ayant pour seul ami son imperméable qu'elle serrait fort contre elle. Ses bras autour d'elle faisaient presque le tour. Seule. Seule? ... Un rayon de soleil arriva. Vainqueur. La bouche en coeur. Le coeur en artichaut.

Il vit Stella, recroquevillée, si fragile. Le regard dans les oubliettes. Il lui demanda doucement et simplement: Qu'as-tu?

Stella, faisant mine de jouer avec les feuilles mortes, balançait son pied, faisait la moue, les yeux emplis de liquide qui mouille, lui dit:

- C'est à cause de la pluie.

Le soleil surpris de cette réponse incongrue lui rétorqua:

- Explique-toi. La pluie c'est normal... pourquoi te mets-tu dans cet état?

Stella s'efforça de lui sourire. Il ne fallait pas qu'il la découvre ainsi. Il fallait se protéger.

D'elle-même. Oui, d'elle-même! Stella lui fit cette réponse:

- Me protéger de mon âme, cher Soleil... Et mes larmes me protègent. Elles me permettent le silence. Tu sais quand les mots sont trop forts, quand on n'arrive plus à s'exprimer par trop de dépassement de soi, quand on parle avec l'intérieur de son corps et bien, moi, je parle avec mon coeur et après ça fait de la pluie. Tu sais, parfois le silence... je devrais... je parle trop... et me perds à moi-même ... mais j'ai compris maintenant. J'aime te voir briller. J'aime te voir heureux. J'aime le son de ta couleur. J'aime que tu sois gros, toi, Soleil. Ta rondeur m'enveloppe et me sourit. J'aime te savoir là. Près de moi. Tout près de moi. Encore plus près de moi. Parce qu'avec Toi, les nuages se crèvent, disparaissent, rougissent devant les flammes de ton étoile. Parce que tu es une étoile. Et j'aime les étoiles, la nuit, au coucher du soleil.

Stella était bouleversée. Elle n'avait plus de raison de pleuvoir. Elle avait tellement envie de rire avec le soleil, lui qui la faisait tant rougir... de honte... et de joie...et d'amour... et de rage... et de...

Stella avait repris sa marche, la pluie ne ruisselait plus sur ses joues. La chaleur des rayons du soleil avait tout apaisé. Il lui avait redonné son oxygène. Elle s'était habillée pour la circonstance. Elle avait désormais enlevé son imperméable jaune de marin, et laissa ses bras nus à la merci de son étoile. Elle savait qu'elle aurait chaud.

Samedi 17 février 2018, 21h25.

Je fus saisi(e) de la manière par laquelle le bonheur de Stella passait. Il me semblait si naïf et pourtant si pur. Elle devait en avoir traversé des champs de bataille pour atteindre la pureté !

Elle devait en avoir égrené des nuits d'amour esseulées...

Elle devait être bien échaudée Stella pour mériter autant le bonheur!

Et Moi? Et Toi? Et Vous?

Avez-vous déjà accepté de vaincre une peur viscérale ?

Avez-vous déjà accepté le vide d'un autre, des autres, pour vous remplir de vous-même?

Avez-vous, un seul instant, éprouvé cette douleur d'avoir des ailes trop fatiguées pour aimer à vous déployer ? Pour en avoir la force, le courage ou juste le droit!

Toi...

Nous...

Dans un élan d'amour pur,
A la lisière de la douce rivière,
Dans l'écume fébrile
Rejoins les rochers lourds.

Toi...

Nous...

Dans un soubresaut d'amour lent,
Tranquille,
Tu t'endormiras.

STELLA

MOI

Mercredi 21 février 2018, 2h11.

Stella vit deux andalous qui marchaient au bord du lac et soudain l'un vit face à l'autre une surface semblable à un diamant. Les rayons du soleil reflétaient la beauté de lui-même sur le sable blanc. L'eau y venait mourir, laissant son écume des jours faire son oeuvre. Elle dit alors à son ami qu'elle ne parvenait pas à voir physiquement, aveuglée par les rayons éblouissants du soleil:

- C'est fou... jamais vu et pourtant là...

Elle fit un geste de sa main frappant sa poitrine, son côté gauche. Sa main frappa si fort que son ami entendit le coup porté à sa poitrine et comprit.

- Oui, reprit-elle, à quoi bon se voir... puisque tu m'illumines de ton esprit. Tu sais, c'est comme une maison... peu importe qu'elle soit de pierre, de bois ou de chaume... l'essentiel est l'odeur du foyer lorsque tu y rentres... l'important, ce sont les gens qui courent, rient et pleurent ensemble dans cette maison. Toi... c'est pareil...peu importe!

Son ami, ému, ne la voyait pas mais l'entendait. Sa voix. Son intensité dans la voix. Sa conviction. Sa sensibilité. Tout se ressentait. Tout. Ou presque.

Et puis, comme pour laisser durer le plaisir de cette précieuse rencontre, elle alla se cacher derrière un buisson. Juste là. Elle lui cria:

- Coucou... je suis là... t'es prêt à me voir...

Personne ne répondit.

Derrière les buissons, elle se tortillait, son coeur battait fort, comme une enfant qui va faire une grande découverte. Les mains mouates, la tête à l'envers, le sourire aux lèvres, elle fit un pas sur le côté et s'exclama:

- Tataaaaaaa... Chui là... c'est moi... Stella...enfin c'est moi, quoi!...

Silence...

Silence...

Silence...

Belote et rebelote.

Yeux émerveillés.

Silence...

Dans ses bras.

Dans ses yeux.

Silence...

Puis, l'andalou balbutia doucement:

- D'aaaaaaacccccooooorrrrd!

Que cela pouvait-il bien signifier?

Les instants sont à vivre, non à interpréter. Alors, je vis. Je te vis. Je vivais. Mes mains étaient froides. Oserais-tu me réchauffer?

- Non... Bien-sûr... je n'étais plus du papier ou du moins un écran sur lequel tu m'écrivais; je devenais chair. Tu devenais cher à moi-même. Une sorte de respect. Une sorte de distance. Une espèce de truc... qui implique... je sais pas...qui nécessite un Machin...

Puis, une seule envie pour Moi. Te parler. Te raconter. T'écouter. A la lumière tamisée d'un petit troquet un peu coquet, ils se sont regardés. Incroyable. Les yeux révélaient cette profondeur de l'âme si souvent écrite, lue, dévoilée.

Elle aurait aimé fumer une cigarette roulée avec toi. Oui!... de ces cigarettes que l'on roule doucement, en caresses, et qui se ferment avec la langue.

Elle aurait aimé prendre ta main pour y lire les lignes.

Elle aurait aimé te dire ce qu'elle avait oublié de te dire. Rien.

Elle aurait aimé. Quoi?

Elle aurait tant aimé. Pourquoi?

Elle aurait tellement aimé boire et reboire... et rereboire... et fumer... et refumer... pour rire avec Toi, pour raconter n'importe quoi, pour se sentir comprise, pour être libre, pour vivre raisonnablement, pour se sentir encore jeune.

Et puis les deux andalous partirent.

Dire au revoir. Combler le vide. Accélérer le manque.

Sentir encore ta présence dans cette poche, posée juste là, à côté... encore de l'inconnu.

La conduite énergique. Enjouée. La musique à fond. Un sourire à la vie. Un regard dans le rétroviseur: elle se sent belle. Oui... elle se sent belle.

Et puis...

Et puis...

Et puis...

Ce sera pour dans longtemps...

Mardi 8 juillet 2018, 14h55.

ssurément ce sera dans longtemps.

Très longtemps.

Ou peut-être jamais.

Oui, ce sera jamais...

STELLA

Vendredi 1er mars 2018, 19h34.

Ben... non... pff... n'importe quoi!... comment pouvait-on penser à l'amour... oui, l'amour charnel, l'amour corps contre corps, avec cette petite impertinente dont la robe volait trop haut dans les hautes herbes folles. Tu ne pouvais pas te réduire à cette chipie, non... vraiment!... pas Toi!...

Elle lui lâcha la main, courut droit devant et se mit face à Toi, en dansant « la danse-du-n'importe-quoi », à entonner un refrain d'une voix stridente et dissonante, tellement peu mélodieuse qu'elle rigolait de sa contrepèterie. Elle se mit à remuer son bassin dans tous les sens, de façon anarchique, grimaçant, usant de mouvements brusques, saccadés, grossiers... les deux pieds bien ancrés dans le sol, les soulevant l'un après l'autre. Elle dansait la vahiné en faisant des vagues avec ses bras et ses mains... elle qui aurait aimé savoir danser le smurf! Et elle riait... mais riait... à gorge déployée, à en perdre le souffle.

Soudain, elle s'arrêta brusquement pour reprendre sa respiration, basculant sa tête avec sa tignasse en avant et retenant son buste lourd grâce à ses grosses mains généreuses posées sur ses genoux cagneux. Elle soufflait, riait... et soufflait, et riait... se rendant compte de l'absurdité de la situation.

Toi, tu la regardais, perplexe. Oui, comment avais-tu pu prendre Stella par la main, cette éberluée-là ?! Une folle, à coup sûr, une extraterrestre. Certainement. Et puis, soudain, tu te souvins du petit papier plié en mille morceaux qu'elle t'avait demandé de couper avec des ciseaux... un jour... sur lequel la chance t'avait souri en t'attribuant le mot « Laugh ». A ce moment-là, tu avais compris qu'il était bon de rire... et que tu aimais rire...

Alors, la voyant déjantée, si naturelle, si spontanée, si pure... tu te mis à sourire de l'impromptue de la situation burlesque qui s'offrait devant toi... tandis qu'elle continuait sa transe sans danse véritable. Oui, elle s'ébouriffait, remuant la tête dans tous les sens, fermant les yeux pour ressentir plus profondément encore ses vibrations, chantant à tue-tête. Elle se lâchait, elle s'abandonnait à un spectacle, le sien, qu'elle n'avait ni calculé ni répété au préalable. Elle choisissait d'être ELLE, Stella, la vraie de chez vraie, l'authentique... celle avec qui il fait bon rire, celle qui me permettrait, à moi, de me dépasser... véritablement.

Brusquement, on entendit le vent se faufiler dans les hautes herbes folles. Chant sonore et mélodieux de la vie naturelle. Elle était en osmose avec la Vie, la sienne... elle dansait et les hautes herbes folles dansaient avec elle, se mouvaient, faisaient elles aussi les impertinentes, les vahinés. Et, comme subjugué par ce show assez fou pour qu'il fut laid, tu te mis aussi à rire. Mais à rire! Mais à rire... à faire trembler le ciel. Son comportement à elle te dictait délicatement, doucement et librement le tien... à Toi... qui finis par bouger le buste, les fesses, les jambes, les pieds, les bras, les mains, la tête, Toi qui allais dans tous les sens... comme ça... les cheveux en bataille et tellement en paix. Aussi. En paix. Oui, c'est qu'on en avait gagné des batailles, des guerres même!

Et oui... ce moment de liberté, de vérité, on ne l'oublierait jamais. Pour sûr! Il ne faut jamais oublier les moments les plus petits! Ce sont comme des grains de sable qui emplissent l'océan. Chacun a son rôle. Chacun a à gagner à être ici! Surtout elle, avec sa danse! Et, si un jour, un grain de sable se disait ne pas mériter sa place sur la belle plage hawaïenne, l'océan pleurerait sur lui pour lui conseiller de revenir. Vite. Car il manque. Trop. Oui. Trop.

Alors, on était comme deux solitaires accompagnés l'un de l'autre et qui ne s'occupait plus de l'importance de leurs faits, paroles ou gestes. Ils avaient réussi à oublier leur corps, ils avaient réussi à se montrer être EUX... dans la véracité de leur profondeur respective. À danser selon leurs envies. Parfois. Sans oser. Souvent. Toujours même. C'est si bête de ne pas oser, n'est-ce pas?

Vous savez?

Vouloir être à la vie, sans questions, sans jugements, sans préjugés... retrouver l'enfant d'antan qui est en nous et qui meurt peu à peu de trop de conventions sociales. Il fallait que ce moment leur permette de le retrouver, vite, ce petit enfant de jadis... au fond d'eux. Ils fermaient les yeux, se laissant bercer, rêver, se laissant penser, acceptant de vider leur cerveau d'adulte... juste un temps... pour revivre un instant de leur enfance.

Ils avaient gagné dans cette danse si folle et si salvatrice... l'envie de redevenir des enfants...

naïfs, neufs, dans la fraîcheur d'un sourire, dans le printemps de leurs couleurs, dans l'inconscience de leur image, dans l'insouciance de leur volonté, à tous prix, à être quelqu'un, dans la non importance de plaire... coûte que coûte.

Elle n'avait pas « réussi », elle avait « accompli » ... elle s'était accomplie et elle espérait qu'elle t'avait embarqué avec elle!

C'est TOUT!

Et puis, à bien y repenser, elle avait toujours souhaité ne pas non seulement ÊTRE mais *ÊTRE EN DEVENIR*... Toujours!

Après cette danse frénétiquement libératrice, poussée à son paroxysme, qui avait impliquée son corps, sa voix, son lâcher prise, elle s'assit dans les hautes herbes, transpirante... passant le revers de sa main sur son front pour y enlever la sueur. Elle te regardait, Toi... qui riais encore et qui restais debout, tentant de reprendre ta respiration aussi, les yeux encore écarquillés!

Elle te dit que c'était bon, que ça faisait du bien, non?

Ses yeux remplis de joie ne m'obligeaient aucune réponse. Ils savaient... eux... oui... eux... si enfants dans leur corps d'adulte...ils savaient et avaient compris que le prix de la vie n'était pas dans la présence physique mais bien dans cette absence si présente à nos cœurs. Que l'absence n'existait plus! Que la puissance de notre pensée, de notre imagination n'impliquait jamais... ô non jamais... le manque de l'absence mais suggérait, ô combien, à qui veut bien l'entendre, l'épanouissement de soi, qui, par transformation, irradiait sur Tous.

Ils avaient compris que le prix de la vie ne tenait qu'à un fil, et que le funambule accomplissait sa passion au risque de sa vie. Et que, dans la douceur de la caresse des hautes herbes, ils pouvaient retrouver l'amour universel.

Elle se leva, lui tendit ce fil, fil précieux qui nous relit à la vie, un vulgaire bout de ficelle... lui demanda de prendre l'autre bout. Ils s'éloignèrent afin de tendre le fil, puis, ils s'avancèrent l'un vers l'autre, à pas de fourmis, comme lorsqu'ils étaient petits et qu'ils jouaient dans la cour de récréation, se souriant, dans la profondeur de leur regard si jeune désormais et si timide, avançant chacun chacune de leur main tenant le fil respectivement. Il ne fallait pas tirer trop fort... le fil se casserait. Doucement, ils avancèrent leur main... comme ça... peu à peu... les yeux dans les yeux... le moment de silence devenait presque sonore, tellement le silence finissait par parler.

Puis, s'étant rapprochés, suffisamment, jusqu'à poser leurs mains les unes sur les autres, elle posa son front sur son épaule droite, comme ça... juste posé. Il posa le sien sur son épaule gauche... ils serraient très fort le bout de ficelle dans leurs quatre mains réunies. Ils ne se dirent rien. Ils écoutèrent juste le souffle rapide sorti de leur bouche entre ouverte.

Enfin, ils relevèrent leur visage. Ils se sourirent. Le seul mot qu'elle eut envie de prononcer était simple, frais... souvent utilisé... souvent trop malmené... trop souvent galvaudé. Elle lui dit Merci, avec la même fraîcheur d'une enfant qui apprend à parler et qui est fier de dire son mot. Simplement. Il ne lui répondit rien. Le moment se passait de maux.

Il baissa les yeux. La joie l'emplissait, faisait gonfler ses poumons. Ils pouvaient respirer. Ils étaient *DEVENUS* petits et si grands à la fois...

?

Que c'était bon de danser !... Musique qui sort du magnétophone et qui amène avec elle son lot de joie mouvementée, de sourires intérieurs et de diamants dans les yeux...

MOI

Date inconnue, après le 21 février 2018.

Quand le soleil vint à ma rencontre...
Quand l'étoile ouvre ses bras...
Quand la galaxie offre
Sa multiplicité spatiale
Pour vivre sans retour...
Alors on existe.

?

Je me rappelai soudain son Merci!... comme un retentissement de cloches dominicales à mon oreille. Je me sentais libre de le dire car...Oui, on existe dans un-je-ne-sais- quel amour. Fidèle. Sérieux. Universel. Et on est heureux. Parce qu'on l'a décidé. Oui... parce qu'on choisit. Et que l'on renonce. Par choix. Par amour. Et puis, c'est tout. On ne pensera plus. On n'aimera plus. On n'aura plus de rêves insensés. Et puis, ils oublieront. Ils s'oublieront. A coup sûr! Parce que c'est écrit...

STELLA

Jeudi 12 avril 2018, 3h54.

L'écho de son prénom revenait sans cesse, comme un boomerang...

Steeeeeeellllllaaaaaaaaaaa... Était-elle là, à l'intérieur de mon corps, blottie dans les entrailles de mon cœur ou devrais-je attendre que ma voix trouve son écho?

Alors, je restais là, interdite. Le regard dans le vide. Attendant. Avec pour seule compagnie le battement de mon cœur dans mon corps, qui faisait tant de ravages que mon ventre se gonflait et se creusait pour aider mon cœur à ne pas sortir de lui-même.

Devant le Grand Canyon, elle restait debout. Souhaitant être digne devant cette immensité qui, sans mot dire, imposait sa règle et sa loi.

Majestueuse, l'étendue s'étendait de tout son long, de toute sa profondeur, de toute sa largeur, de tous ses plans et son regard n'avait pas l'habitude de voir si loin ... et alors, elle préférait se taire pour garder en elle cette sensation si émotionnellement ressentie.

Attendant d'être seule, elle se cramponnait à la petite barrière métallique, ne pouvant pas s'arrêter de regarder. Trop émue, emplie d'une trop forte émotion pour qu'elle soit contenue, elle se mit à pleurer.... et à regarder... encore... et à pleurer... encore ....et à regarder... encore. Ses yeux voulaient continuer à voir ce qu'ils n'avaient jamais vu auparavant et qu'ils ne verraient, très certainement, que là... ici... à cet endroit même... parce que c'était ici et maintenant que Stella débutait, sans vraiment le savoir, sa métamorphose. Un phénomène, appelé « je-ne-sais-quoi », se produisit dans ses yeux pour pénétrer son regard, pour ensuite atteindre ses poumons, grâce auxquels elle prit une belle respiration... Elle savait qu'à ce moment-là, la Nature s'offrait merveilleusement à elle pour la dépasser et qu'elle était désormais trop petite, minus, riquiqui, naine... pour y faire face. Elle savait qu'à ce moment-là, la **Little Enveloppe** serait la bienvenue parce qu'elle se sentait manquer d'oxygène. Il lui fallait un petit quelque chose pour l'aider à reprendre son souffle, pour l'aider à essayer de comprendre l'inexplicable d'une telle beauté qui était postée devant elle... tel un diaporama à plus de cent quatre-vingt degrés ....cette immensité... ce Grand Canyon... si... et tellement... que Stella en était bouleversée! La beauté ne s'explique pas, elle se vit... mieux, elle se ressent... et Dieu sait si Stella se la prenait en pleine figure cette beauté! Ses larmes étaient belles, positives, riches, elles faisaient tellement exister l'instant... elles témoignaient tellement de la vie, de l'amour, de la gratitude et de sa présence. Elles justifiaient presque la beauté du silence. En tous cas, elles remplaçaient, comme elles pouvaient, les mots. Stella leva la tête. Vers le ciel. Et le remercia de l'avoir amenée jusqu'ici. Elle avait désormais l'impression qu'elle aurait pu mourir et que cela n'aurait pu ne plus être grave: elle a accompli ce qu'elle devait. Sa transformation s'était produite en harmonie avec la Nature. Stella devenait dans toute la sincérité de son être un produit de la nature. Elle devenait ce qu'elle avait toujours été, à sa naissance, nue, le liquide amniotique de sa mère nourricière lui collant encore à la peau, fripée, minus, des yeux qui allaient peu à peu s'ouvrir à la vie. Et puis, petit à petit, elle avait fini par perdre cette vérité humaine pour être plongée dans une société frénétique de vanités, de luxe, de vêtements la couvrant de ce qu'elle avait de plus précieux, de consommations compulsives, de principes éducatifs pour apprendre à vivre ensemble. Mais Stella avait oublié sa nudité originelle. Mais Stella avait oublié d'ouvrir les yeux. Maintenant elle savait ce qu'elle voulait devenir. Elle voulait se mettre elle-même au monde! Elle voulait se faire grandir... et devant le Grand Canyon, elle pensait à tout cela. Sa propre renaissance, sa sortie des antres de la terre, la beauté de la lumière fraîchement sortie de ses yeux pour irradier, pour diffuser l'amour éternel. Elle pensait non pas à devenir mais à «venir au monde» ou plus exactement à « venir du monde » : il lui tendait les bras... il fallait qu'elle l'accueille. Comme il se doit. Sans paillettes, sans artifices. Nue. Tel un nourrisson qui sourit dans son sommeil pour avoir trop rêvé à son biberon de cette Voie Lactée qui le guidera et qui lui apportera « la substantifique moelle » nécessaire à son bonheur. Aujourd'hui, agrippée à la rambarde métallique, elle devenait la vraie Stella. Celle dont elle avait toujours rêvé. Peut-être. Ou pas. Peu importe. Elle devenait et elle était. Tout simplement. Sans aucune autre raison que l'envie d'être soi. Sans aucune autre explication que le désir d'envelopper, de choyer, d'embrasser ce qu'elle devenait enfin. A quarante-quatre ans, Stella naissait à sa vie véritable. Et le Grand Canyon était heureux de voir la transformation de cette enfant devenue femme. Parce que même le soleil était venu fêter cette métamorphose en dessinant sur les cimes de minuscules diamants qui scintillaient dans le bleu azur du ciel. Stella se mariait avec la Nature et avait pour alliance les diamants prodigués par le divin soleil. Cadeau de la vie. Cadeau de mes pieds qui ont marchés jusqu'ici. Cadeau de Toi, ami, qui me lis et me comprends. Je t'offre en cadeau la transformation de moi-même, de ce qui fut moi et le restera quand même toujours. Je t'offre à toi, mon ami, la possibilité de croire suffisamment en toi pour parvenir aussi à ta propre transformation. Ose être ton graal. Ose la vie. Je suis là. Tout près de toi. N'aie pas peur. Ne réfléchis pas comme réfléchissent les adultes. Laisse-toi aller dans les bras de ton amour. Allonge-toi au sol. Ferme les yeux. Ouvre la **Little enveloppe**. Touche et ressens ce qui la compose. Mets-la sur ton cœur et attends... Après quelques instants, ta poitrine va se gonfler, tes poumons vont s'ouvrir, les poils de tes bras vont se hérisser, tes lèvres vont sourire, tes yeux vont couler. N'aie pas peur, mon ami. Accepte ta propre transformation. Ne pense à rien. Laisse-Toi être au monde. Comme ça... juste parce que tu l'as décidé... comme ça... juste parce que c'est bon.... juste parce que Stella est là ... en écho...

Youpi !...

Toi et Moi... Toi ou Moi.... ou Toi parce que Moi?

Et si Stella... Oui. Certainement...

TOI ou MOI... ou MOI parce que TOI?
Et si TOI... ?

TOI

Mardi 3 juillet 2018, 15h10.

Et si TOI avec MOI ?

MOI

Jeudi 12 avril 2018, 15h21.

Oui.... Certainement... Tu as raison... non pas TOI et MOI ... TOI ou MOI... pas d'addition ou de soustraction... mais un accompagnement! TOI avec MOI... oui ... certainement... c'était ça. Plutôt.

Continuant son périple, Stella marchait longtemps et s'enfonça dans le canyon. Pour aller toucher l'eau de la rivière qu'elle parvenait à voir en surplomb. Le Colorado ! C'était presque son Eldorado... c'était presque comme monter l'Everest. Mais à l'inverse. Elle descendait. Mettant ses pieds l'un devant l'autre. Comme ça.

Tranquillement. Sereinement convaincue que le temps de cette marche lui permettrait de réfléchir. Le soleil était de plomb, ce qui l'obligeait à s'arrêter souvent. Pour reprendre sa respiration. Pour boire aussi. Tout en observant son chemin, elle vit le Colorado frétiller doucement. Ça y est! Stella était presque arrivée. Elle allait pouvoir toucher, de ses mains, l'eau de cette rivière et se rafraîchir avant de penser aller dormir à la belle étoile.

De temps à autre, sur son chemin, une araignée à gros corps et à grandes pattes velues traversait, imposant mon arrêt pour la laisser passer. Sa taille était tellement impressionnante que l'envie de l'écraser sous ma semelle se transformait en respect. Et elle passait. Comme ça. Tête haute. Pattes délicatement déployées les unes après les autres... Noire mais chic, l'araignée!...Et puis, plus tard, un lézard à peau de serpent d'un autre monde! Qui, caché derrière un rocher, me regardait passer. Sans vouloir me déranger, non... sans vouloir me faire peur... non... mais en me faisant sursauter dès notre rencontre faite! Et c'est alors qu'il fuyait rapidement, voyant que la géante humaine avait peur d'une minuscule bête comme lui.... Ah ces humains...!! Avoir peur de sa propre nature!!! Et de surcroît, avoir peur de la petite bête... c'est que souvent, les adultes, ils la cherchent la petite bête ... et quand ils la trouvent, ils s'en vont, en courant... Étrangeté de l'homme!... Que voulez-vous? ... c'est rigolo parfois les hommes!...

Et puis, lorsque j'arrivais à un endroit qui ne m'obligeait plus à baisser la tête pour regarder où devaient se poser mes pieds, je regardais en l'air. Et là aussi... un autre monde... des aigles plânaient, ailes à large envergure, déployées. Et je me trouvais là... entre deux mondes! Entre le haut et le bas. Entre le vertical et l'horizontal. Mon corps à la verticale. Ma démarche suivant l'horizontale. Et le vent se baladait dans mes cheveux pour me dire, que pour lui aussi, c'était le brouillard dans sa tête!...Après de longues heures de marche, Stella gagnait enfin le

Colorado. Satisfaction enthousiaste. Belle Fierté justifiée! Elle ôta ses chaussures. Trempa ses pieds dans l'eau. Et vit son visage se refléter dans la rivière calme. Contrairement à Narcisse, à bien y regarder, elle ne vit pas seulement son visage dans l'eau.

TOI avec MOI... pensa-t-elle.
Oui... Certainement... TOI avec MOI.
TOI pour MOI... murmura-t-elle.
Oui... Certainement... TOI car MOI...

Juste à ce moment-là, un beau papillon se posa sur l'eau, presque sur sa joue, à Stella... Des ronds faits dans l'eau par les frêles pattes du papillon vinrent brouiller le visage de Stella. Mais Stella était là... admirant cette chrysalide qui avait eu le courage de sa transformation. Et elle se dit:

-« Comment MOI, aurais-je peur de ma propre transformation? Ce papillon est si beau! Quel courage y a-t-il à être meilleur? »

Elle se baissa sans faire le moindre bruit. En se posant sur son épaule droite, le papillon lui avait répondu...

Vendredi 13 avril 2018, 4h57.

L'immensité partagée de Stella me posait question.

J'étais tout de même aux anges!...

MOI

Dimanche 15 avril 2018, 1h55.

Elle était devant cette entrée, bouche bée. Comment pouvait-elle ne pas avoir envie d'y rentrer... de pénétrer cette roche ouverte qui recouvrait très certainement son secret. Il est tellement bon d'avoir un secret!... Elle fit un pas sur le sable beige et chaud. Juste un. Elle était quelque peu intriguée et excitée de pouvoir découvrir l'intérieur. Avait-elle peur? Non... bien-sûr... Elle avait confiance en ce qu'elle allait trouver. Elle laissa derrière elle le soleil brillant et généreux, le ciel bleu sans coton, la jeep qui l'avait déposée là, devant... Impatiente, Stella l'était toujours un peu, surtout lorsqu'elle allait découvrir de « Nouvelles Sensations »...

Impatiente, je disais donc...

Stella entra et contempla les parois hautes de chaque côté. Les strates horizontales formées par l'érosion naturelle donnaient à cette roche une espèce de charme émouvant. Le passage qui formait le chemin était si étroit que Stella se sentait prise en sandwich entre ces deux parois qui, de part et d'autre, s'élevaient en maître au-dessus de sa tête. Elle se sentait petite. Et c'était si rassurant de se trouver là, dans les entrailles de la terre! ... C'était comme si Stella se retrouvait blottie contre le buste de l'homme qu'elle aimait. Et qui la protégeait. Un filet de soleil filtrait les parois pour les colorer de couleurs aussi joliment et naturellement agencées par les merveilles spontanées de la nature. Et on pouvait apprécier la couleur aubergine, la couleur radis, la couleur carotte, la couleur chou-fleur ainsi que la couleur betterave dans une association et un mélange digne d'un artiste talentueux.

Stella avançait ... sans dire mot... la nature encore une fois imposait sa loi. Elle était dans une sorte de caverne d'Ali Baba où elle trouvait son or. Elle était dans une sorte de lieu étroit, qui l'impressionnait non pas par son immensité mais qui révélait son intimité, son jardin secret... Et elle écoutait le cœur de ce lieu qui lui avait ouvert les bras et l'avait accueillie. Stella était heureuse dans cet endroit atypique, magique...

Elle savait qu'elle le garderait en mémoire.

Elle savait que quelques secondes avaient suffi pour lui faire comprendre ce qu'elle avait à comprendre... et que, parfois, quelques secondes suffisent pour changer le courant d'une vie. Elle savait que les rencontres qu'elle faisait... et une en particulier... avait suffi pour lui inspirer encore de l'amour, de la joie et une transformation... Bien-sûr, sa vie resterait...

oui… bien-sûr… mais qui?… pouvait être bien sûr… ??? Qui pouvait se permettre de lui donner une leçon, un conseil, une idée…

Elle si émue de tant de nouvelles sensations… Elle si touchée de tant de nouvelles découvertes… Elle si vraie dans tout ce qu'elle ressentait et prodiguait. Les entrailles de la roche devenaient les siennes… à elle… à Stella… avec ses strates … comme l'oignon qu'elle épluche dans sa cuisine pour donner du goût à son plat, comme son soleil qui l'avait pénétrée et qui la rendait belle, rayonnante, lumineuse, radieuse et aimante. Comme un trèfle à quatre feuilles… elle avait le sentiment de pouvoir lui porter bonheur… de vouloir le faire… de pimenter sa vie, de lui donner un zeste épicé de fantaisie bienveillante … parce que la vie, sans tous ces ingrédients, pouvait devenir mortellement fade, répétitive, routinière. Stella croyait en l'amour. Elle croyait à tout ce qui pouvait vivre et elle croyait même pouvoir faire revivre, faire renaître des émotions, des sensations, des sentiments refoulés ou enfouis. Et prise dans cette Terre, elle ne se débattait pas. Elle caressait le flanc de la roche. Comme ça... délicatement... et la paroi chaude lui donnait les frissons... à elle. Elle aurait voulu prendre dans ses bras, serrer fort la roche, lui dire combien elle la remerciait d'exister. Mais parfois les mots sont inutiles et vains. Ils rentrent par une faille et ressortent par une autre. Alors elle se tut. Elle resta un moment la main posée sur la roche. Puis, soudain, elle ferma les yeux et imagina qu'elle (l') aimait...

____

Jeudi 19 avril 2018, 6h28.

Se retrouver dans cette grotte était un phénomène magique. Hors de ma zone de confort, il me fallait tout réapprendre. Ce lieu hostile appelait les bêtes plus que les humains... et pourtant je me sentais en sécurité ici. Endroit rond et tamisé avec pour seule entrée un petit trou duquel entrait et sortait un vif éclat de lumière qui me faisait plisser les yeux. Je m'assieds au fond de la grotte, certainement pour voir arriver un éventuel danger. Les genoux relevés au menton, retenus et entourés par mes bras. A la manière d'un cadenas, mes doigts étaient enchevêtrés les uns dans les autres comme pour bien tenir mon corps qui tremblait de fatigue. Et de peur peut-être!?

Après un instant immobile, Stella souhaita se déplier un peu afin d'enlever les fourmis qui se trouvaient dans les jambes. Elle devait se lever pour marcher un peu, pour faire activer la circulation du sang dans ses membres mais l'espace réduit ne le lui permit pas. La tête baissée et le dos voûté pour ne pas se cogner, elle alla vers ce fuseau de lumière blanche, comme happée par elle.

La réverbération lui fit fermer les paupières, couvrant son visage de ses mains. Elle laissa passer un filet de souffle comme pour se dire qu'elle était bien là, vivante.

Elle ouvrit les yeux et comprit, à ce moment-là, que la vie lui réservait bien des surprises.

Déjà sur son promontoire, elle était entre deux univers.

Prise de vertige à regarder en bas, elle chercha du regard un beau rocher duquel la chute libre

serait certes brève mais intense. Puis, elle décida
de monter... encore... toujours plus haut!

STELLA

Mardi 24 avril 2018, 19h30.

Stella, entre ciel et terre, avait choisi le Pacifique pour refuge. Avant de plonger du rocher le plus haut, elle regardait le monde autour d'elle, en reprenant profondément sa respiration. Assurément, elle se sentirait voler quelques fragments de secondes avant de pénétrer l'océan. Assurément, elle avait peur et il fallait qu'elle se lance! Pour plonger, pas tomber... Ses pieds au bord de la falaise s'agrippaient comme pour renoncer à leur perte d'équilibre. Sa tête droite, haute, scrutait l'horizon comme pour se donner du courage. Le souffle haletant, Stella ferma les yeux, tenta de se ressourcer intérieurement en inspirant et en expirant l'air de ses poumons gonflés de la douce brise qui effleurait sa peau. Elle détendait ses bras le long de son corps grâce à un mouvement de balancier et faisait craquer les doigts de ses mains pour entendre crier encore en elle ses os généreux. Avant de se lancer, elle prit une grande inspiration, ouvrit sa cage thoracique et, sans réfléchir, se jeta. Pas un cri. Le corps dur, raide. La tête entre ses bras tendus. Ses mains en forme de flèche pour fendre l'eau. Voulant être consciente de ce moment d'envol éphémère, elle ouvrit les yeux et vit arriver rapidement le mur que construisait l'étendue d'eau face à elle. Le bout de ses doigts... ses mains... ses bras...sa tête... ses épaules... son corps... ses fesses... ses jambes... ses pieds... ses orteils... fissurèrent le calme plat de l'océan, pourtant habituellement si tourmenté. Et Stella relâcha son corps, en prise dès lors avec l'élément qu'elle aimait le plus: l'eau. Fœtus, elle devenait l'esclave d'un univers aquatique méconnu et, avant de penser remonter pour reprendre son souffle, elle voulut faire corps avec les caresses des algues qui suivaient les courants de la mer. Elle aurait presque souhaité devenir cette algue qui se balade à droite, à gauche... comme ça... en dansant la Macaréna... mais l'oxygène se ferait trop rare pour accepter de continuer. Et il faudrait ouvrir la Little Enveloppe!...

Alors Stella, d'un mouvement rapide et assuré de ses bras, remonta à la surface et, sitôt la tête hors de l'eau, lança un souffle sonore pour reprendre sa respiration.

Elle était **seule**.
Au milieu de l'immensité.
Et pour **seul** réconfort, elle-même.

Alors, comme pour extérioriser toutes ses émotions, ses sentiments et son amour, elle se mit à hurler... mais à hurler...

mais à *hurler*... personne

n'aurait pu être dérangé par ses hurlements...
elle avait choisi de se retrouver seule... à hurler...
tout ce qui faisait qu'elle était elle... à hurler...
tout ce qui faisait qu'elle était moi... à
hurler...tout ce qui faisait qu'elle était nous...

Après la rage compulsive de sensations
nouvellement expérimentées, Stella décida de
taire ses cris. Et elle se mit à pleurer. L'océan
n'était-il pas assez rempli pour qu'elle veuille en
rajouter? Qui essuierait ses larmes? Si ce ne
sont les larmes elles-mêmes! Il fallait retrouver
la quiétude. Effectivement. Il fallait retrouver la
paix. Effectivement. La paix qu'elle était venue
chercher ici. Et qu'elle avait trouvé. Oui...
qu'elle avait trouvé, et qu'elle ne voudrait plus
laisser partir. Jamais.

Alors, elle fit la planche. Le corps en croix.
Allongée de tout son long, le soleil vint sécher

les perles qui finissaient de rouler encore sur ses joues. La paume de ses mains vers le ciel. Pour demander l'aumône. Pour demander pardon. Pour recueillir dans le creux de ses mains la douce sensation de la chaleur des rayons solaires. Son ventre allait et venait, tantôt immergé tantôt submergé par ses entrailles qui rongeaient ses tripes. Oui... là... derrière le nombril... le sien... qui la reliait à ses viscères viscéralement viscérales. Stella se sentait connectée avec sa propre humanité, le céleste et se sentait la possibilité de basculer dans le terrestre, à sa guise. Alors, elle se retourna, adopta la même position, la tête dans l'eau. En apnée. Vite, elle vit les quelques beaux poissons multicolores venir la saluer, la bouche en avant et le regard hagard, poissons qui se dandinaient sans réfléchir. Et soudain, Stella eut une révélation. Elle sortit sa tête de l'eau et fut comme saisie par son propre déclic.

Pourquoi réfléchir? Pourquoi penser? Pour la seule raison que nous sommes différents des animaux ? Pour la simple et bonne raison que nous sommes des êtres pensants? Oui… d'accord… ça, Stella l'avait bien compris… mais étions-nous des êtres « bien » pensants?… bienveillants?… et VLAN… Stella fut giflée par une vague qui passait par surprise. Signe? Indice? Énigme? La vague était arrivée au moment où elle pensait trop, réfléchissait trop… la vague n'était pas arrivée avant… non… mais maintenant… Stella n'était donc pas seule. Les éléments la couvraient de gratitude et de récompenses invisibles. L'air était venu effleurer doucement sa peau. Le feu était venu sécher ses larmes. La terre lui avait donné l'impulsion de son envol. L'eau l'avait bercée tendrement en lui offrant l'éternité.

Et ce n'était pas suffisant ça???

Dis-moi…

Ce n'est pas suffisant???

Quoi demander de plus? Quoi dire ou penser de mieux?

Son besoin... son envie... son désir de légèreté, d'amour, de simplicité, de respect et de paix lui semblaient désormais nécessaires voire indispensables à son épanouissement féminin. Et Stella savait qu'elle n'était pas prête à en faire le deuil... Elle combattrait s'il le fallait... avec pour arme son cœur. Elle se ferait guerrière... sans arme au poing. Pour sa paix. Pour son bonheur. Un peu trouvé. Trop longtemps cherché. Si bon à câliner...

Mardi 24 avril 2018, 21h08.

Stella m'avait appris plus que la légèreté. Elle m'avait fait toucher du doigt la transparence. Tel un fantôme, elle m'avait enseigné à disparaître du monde pour y revenir sans bruit. Pour savourer l'environnement. Pour sentir la nature me frôler. Et cela suffisait!

Je ne demandais rien d'autre que cet enseignement, que cette disparition furtive qui impliquait une renaissance. Je ne demandais rien.

Seulement le calme.

Je ne demandais rien que la solide solitude de Toi et l'échange productif avec Moi.

Je ne voulais pas sourire ou pleurer. Non. Ne plus sourire. Ne plus pleurer.

Juste respirer. Juste rêver. Juste aller chercher dans mes chromosomes, ma génétique.

Pour savoir.

Soudain, Stella eut une idée d'ascension. Elle aurait voulu toucher les cieux...

STELLA

MOI

Mardi 24 avril 2018, 22h13.

A peine montée dans la nacelle, Stella sentit la terre se dérober sous ses pieds. A coup sûr, elle n'avait plus les pieds sur Terre! Et pour avoir la tête dans les nuages, La Stella, elle l'avait bien!... elle était même dans la lune... souvent La Stella!

Peu importe, la nacelle l'enveloppait, l'encerclait et l'obligeait en même temps à regarder plus loin que son bout du nez!

Le brûleur qui envoyait de l'air chaud faisait gonfler le ballon de la montgolfière et la maintenait à une altitude idéale pour éviter que toutes craintes de dysfonctionnements quelconques soient à anticiper. Stella, telle un œuf dans son panier, respirait à la cadence du brûleur. Elle expirait. Elle expirait profondément. Jusqu'à temps que la poussière déposée au sol se soulève. Elle avait l'impression, ainsi, de contribuer au gonflement du ballon... de ces ballons de baudruche qu'elle s'évertuait à gonfler, jadis, lors de goûters d'anniversaire! Et elle se souvenait de ces chers moments précieux d'enfance passés en famille. Et elle se souvenait de ces chers moments de rires successifs chez celle qu'elle avait aimée et qu'elle aimait encore. Parce que l'amour lui avait été offert en héritage... à Stella! Appuyée sur le rebord de la nacelle, elle se regardait monter... monter... monter... elle allait certainement lui parler... à elle qu'elle avait aimé et qu'elle aime tant encore... elle montait vers les cieux... pour la retrouver... pour chanter... pour rire... pour la serrer fort dans ses bras... pour lui dire combien la vie sans elle est fade... pour lui dire aussi combien son départ l'a rendue forte...à Stella... pour lui dire, dans le silence de l'amour, qu'elle lui avait enseigné la joie... et Stella avait envie de lui dire merci. C'est pour cela qu'elle montait la voir. Pour lui dire toute sa reconnaissance. Pour lui dire aussi que ce qu'elle était, elle le lui devait ... aussi... certainement... qu'elle avait été pour Stella un symbole... une muse.

Sa Muse.

Parfois Stella s'abandonnait à la nostalgie... pas trop longtemps... elle n'était pas assez forte pour y rester trop longtemps. Mais elle s'abandonnait à l'amour. Dans l'amour. Tentant de ne pas se noyer dans son chagrin qui la submergeait... souvent.

Serait-ce la fuite du temps lui promettant son propre néant, qui lui donnait l'occasion de mélancoliques souvenirs? Peut-être...

Serait-ce sa propre avancée de sa propre vieillesse, qui lui permettait de se souvenir?

Serait-ce tout simplement l'amour qui parlait?

En Stella... l'amour... Stella était Amour. Stella est Amour.

Soudain, Stella voulut redescendre. Tel Icare, Stella ne souhaitait pas se brûler les ailes. Elle avait bien écouté les conseils ... elle ne dépasserait pas les limites... jamais... elle ne dépasserait pas les lois de l'amour... ou plutôt elle était capable de donner sa vie pour sauver l'amour...

Date ton propos...

ET TOI ? De quoi te sens-tu capable pour sauver l'amour ?

STELLA

Jeudi 26 avril 2018, 8h05.

Loin, si loin et pourtant si proche, si près ... Stella ne savait plus à quel saint se vouer. Alors elle prit le parti des mots. Oui... écrire, se noyer dans les mots à Elle pour faire sortir tes maux à Toi ! Elle ne savait pas comment agir, réagir, témoigner de sa présence, se taire aussi. La confusion s'était emparée d'elle. Stella se sentait vide. Stella se sentait seule. Stella avait perdu sa moitié. Pas pour longtemps !!!… oh non!!!……… pas pour longtemps!!… Tu reviendrais de cette chambre blanche, qui pue et où des blouses blanches passent toute la journée. Pour te demander si tu vas mieux. Tu reviendrais requinqué(e), neuf(ve), réparé(e), encore plus fort(e). C'est que tu n'avais pas le droit de la quitter comme ça... du jour au lendemain. Non non ... Et triple non!!!

Alors, comme pour exhorter sa foi, elle se mit à genoux, joignit ses mains en signe de prière. Ferma les yeux. Et balbutia des mots à peine sortis de sa bouche. Elle sentait quelque chose au

fond d'elle, dans son esprit, dans son imaginaire. Elle le ressentait profondément. Si profondément qu'elle continua à fermer les yeux qui se mirent à sourire. Sa vie intérieure lui faisait vivre des instants magiques, tellement féeriques que sa prière se transforma en

ôde(ux) puis en une sorte d'incantation divinatoire.

Stella s'allongea au sol, pour bien être en contact avec la terre. Le sol était frais. Stella, elle, avait le corps bouillant. Toujours les yeux fermés, elle resta à attendre. Comme ça. Elle avait si chaud qu'elle commença à se déshabiller. Le choc thermique entre son corps et le sol provoqua une émotion tendre et suave. Elle sourit.

Elle voyait quelque chose ou plutôt quelqu'un courir vers elle pour la rejoindre...

Moi savoir que Toi se questionner encore et encore.

Moi savoir que Toi commencer à s'accrocher à Moi.

Toi savoir que Moi n'être que ton double.

Toi comprendre que Toi commencer enfin à trouver Bonheur...

Celui de l'Amour de Soi...

TOI+MOI=SOI

Révélation inattendue ! ...

STELLA

Jeudi 26 avril 2018, 21h12.

Assurément Stella kidnapperait son double, l'enlèverait de cette pièce en poussant le lit vers la sortie. A fond... elle pousserait... comme une dératée... elle pousserait... en zigzagant dans le couloir blanc et aseptisé... elle pousserait... et elles riraient. Comme jamais. Ayant l'impression de conquérir le monde, le leur !

Bien-sûr... ce n'était pas raisonnable... bien-sûr... ce n'était pas des manières... bien-sûr... On les traiterait de stupides... Stella, parce qu'elle poussait le lit et Son double, parce qu'il le lui avait demandé !

Un moment de folie douce. Un moment dans la parenthèse de la vie. Un moment de pure intensité. Et oui... c'était comme cela que Stella voulait vivre, se sentir exister. Mais de quelle Stella s'agissait-il? L'union onirique dans laquelle elles se trouvaient les faisait se confondre. Elles ne parvenaient plus très bien à se distinguer l'une de l'autre, comme deux fœtus dans le même œuf. Elles partageaient désormais ce qui leur paraissait évident et essentiel.

Elles riaient ensemble.
Elles parlaient ensemble.
Elles s'interrogeaient sur la vie, ensemble.
Elles avaient confiance, ensemble.
Elles se sentaient si différentes, ensemble.
Stella... Stella... ?

Etait-ce le bon moment pour ouvrir la **Little enveloppe**?

A l'abri des regards indiscrets, Stella s'assit sur le rebord du lit qu'elle avait poussé avec force et courage. Elle tendit la Little enveloppe à Stella son double, en lui disant que c'était le moment. Que son souffle court l'inquiétait trop pour qu'elle puisse refuser l'ouverture de la Little enveloppe! Mais qu'elle n'était pas seule... que Stella son double était tout près... là... à l'aider...

Youpi!

L'enveloppe ouverte, elles pouvaient reprendre leur souffle. Elles pouvaient désormais continuer à rire, à parler et à écrire. Elles avaient tellement à partager...

STELLA

Vendredi 27 avril 2018, 22h46.

Stella devenait de plus en plus angoissée. Elle se doutait de ce que Stella, sa moitié allait lui dire ou voudrait faire. Peut-être aussi anticipait-elle sur quelque chose d'inexistant? Qui n'aurait pas lieu d'être? Stella était triste.

Voilà tout.

Et elle ne pouvait plus taire sa tristesse.

Voilà tout.

Et elle ne savait plus très bien pourquoi elle écrivait. Elle sentait une douleur derrière sa poitrine et elle avait du mal à contrôler ses émotions. Nostalgique? Mélancolique?

Elle ne savait pas trop. Mais ce qu'elle savait était contenu dans le silence des mots non exprimés... parce que c'était juste inexplicable.

Chut!

Stella devrait se taire...

Chut!

Stella était là...espérait-elle.

Silence du jour.

Samedi 28 avril 2018, 6h07.

Pas besoin d'être triste ma Stella!

Tu as droit à ta mélancolique nostalgie.
Tu as droit à te souvenir.
Tu as droit au deuil du temps passé.
Tu as droit à être.

Allez! Viens... À deux, on est plus fort. Ne reste pas seule.

Accepte... Je t'en prie...

On s'inventera des histoires. On imaginera des scénari rocambolesques, des récits improbables et on dessinera sur les tables et puis sur les murs, on collera nos chewing-gum sous la chaise, on gommera des choses indélébiles, des choses incrustées dans le bitume que l'on piétinera avec nos pieds, on fera des trucs violents et irresponsables, on déclamera des choses qu'on ne dit jamais et qu'on pense trop souvent... et qui te bouffe... qui te dévore... parce que tu te tais par convention, par éducation, par respect appris parfois outre mesure... parce qu'on ne t'apprend pas à dégoupiller, on te l'interdit même...! On cherche toujours à te mettre sur le droit chemin, hein?

Ca fait bien les conventions, hein ?... Non... Ca fait chier les conventions... Mais on t'y oblige! ... Par convenances... Par conventions... Parce qu'on s'entretuerait tous... Parce qu'on arriverait à se détester nous-mêmes.

Allez! Viens... À deux, on est plus fort. Ne reste pas seule.

Accepte... Je t'en prie...

On s'inventera une autre vie. On jouera à colin-maillard. On bandera nos yeux pour faire exprès de se perdre, et on se reconnaîtra à notre odeur parfumée de musc et de rose. Et tu mettras ta main plate sur la poitrine, au côté gauche... et tu entendras ton coeur battre lentement ou vite... tu l'entendras gémir d'amour pour Toi. Et tu le réconforteras de cette main tiède et rassurante qui le bercera doucement au son de l'octave d'un piano imaginaire. Et tu vivras...

STELLA

Dimanche 29 avril 2018, 16h07.

Stella était à la recherche d'un coeurdonnier. Elle avait son coeur à réparer. Il fallait qu'il le soit; ça faisait trop mal sinon. Que pourrait-il bien faire ce cher coeurdonnier pour Stella?

Devrait-il prendre le coeur de Stella dans ses mains et le câliner? Tout simplement.

Devrait-il utiliser une aiguille et du fil pour recoudre l'endroit où le cœur saignait?

Le fil devrait être gros, épais. Les points bien serrés. Pour que le sang ne puisse plus passer.

A coup sûr, Stella aurait mal. En plus de son mal. Mal. Très mal. Si mal...

Et puis il y aurait toujours une cicatrice. De toutes façons.

Le coeurdonnier pouvait bien réparer, arranger, recoudre, il ne pouvait pas TOUT faire. De toutes façons.

Le plus difficile fut de laisser son coeur au coeurdonnier... Cinq jours, avait-il dit.

Comment Stella ferait-elle sans son coeur? Pour survivre. Même pas pour vivre. Elle avait beau avoir confiance en elle, son coeur lui manquerait. Trop. Et elle ne pourrait plus respirer! ... Elle aurait bien ses entrailles, ses tripes. Mais elle les avait déjà vomies. C'est qu'elle était rongée de l'intérieur la Stella! ... Si fragile aujourd'hui. Elle reviendrait chez son coeurdonnier. Pour reprendre son coeur réparé. Avec sa cicatrice encore béante. Elle y mettrait un pansement avec un petit coeur rouge dessiné dessus. Un joli petit coeur rouge d'amoureux.

En lui rendant son coeur, le monsieur qui réparait cet organe vital donna à Stella un message écrit sur un beau parchemin.

Elle put lire ceci:

Tant qu'à tomber amoureux...

Tombez amoureux de quelqu'un qui adore le son de votre voix et qui fera tout pour l'entendre à nouveau.

Tombez amoureux de quelqu'un qui veut connaître votre couleur préférée juste pour le plaisir de partager.

Tombez amoureux de quelqu'un qui sait comment vous aimez votre café.

Tombez amoureux de quelqu'un qui pose sa tête sur votre poitrine juste pour entendre battre votre cœur.

Tombez amoureux de quelqu'un qui vous embrasse en public et qui vous presse la main dans le silence des mots.

Tombez amoureux de quelqu'un qui vous parle avec des yeux scintillants et qui vous fera vous demander pourquoi vous aviez si peur de tomber amoureux à nouveau.

Tombez amoureux de quelqu'un qui adorerait se réveiller à vos côtés tous les jours.

 juste pour faire danser les papillons dans votre ventre et juste parce que c'est bon pour la santé.

Après une lecture attentive, Stella repartit le coeur léger...
Le sourire aux lèvres. Comme ça...

Les yeux rieurs. Comme ça...

Sa réparation faite, elle se sentait revivre. Elle était prête à flâner.

TRANSFORMATION...

Chrysalide devenue papillon... bourgeon devenu fleur... fleur devenue fruit...brindille devenue tronc... fœtus devenu adulte... lune devenue soleil...ombre devenue lumière...

MOI devenue TOI...TOI devenu(e) MOI...
Le tout dans un concert harmonieux de cordes et de percussions.

Le tout dans la recherche de la paix.

MOI devenue TOI...TOI devenu(e) MOI...
Le tout dans un concert harmonieux de cordes et de percussions.

Stella...

Un prénom autour duquel tout se cristallise et disparaît.

Un prénom qui porte en lui la chair de sa chair.
Un prénom qui m'est cher.

Une fois arrivés à ce stade de leur évolution respective et si collective, Stella Toi et Moi étaient heureux d'avoir fait le chemin ensemble. Satisfaits de leur parcours initiatique, ils s'étaient offert l'un à l'autre, l'un pour l'autre ou l'un grâce à l'autre des moments de joie, de bonheur pur, sain et complémentaire. Ils s'étaient offert l'éternité dans un souffle nouveau, revigorant, régénérateur de vie.

Parce que Toi désormais impliquait Moi.

Transformation de leur être. Métamorphose de leur âme.

Ils étaient meilleurs.

Ils étaient beaux.

Comme mis en lumière par des projecteurs qui éclairaient leurs sourires. Ils continuaient à rire comme des enfants, à courir dans les herbes hautes et folles, à regarder les étoiles filantes, le soir, au coucher du soleil. Et ils savaient qu'ils n'auraient jamais plus peur...

...Et pour cause...

TOI et MOI avaient désormais des atomes crochus. Inséparables. Comme des perruches multicolores. L'oxygène permettait à Stella de respirer, bien-sûr, mais mieux, cet atome l'incitait à reconsidérer son **ADN** : son **A**mour **D**u **N**ouveau.

Tels des serpentins de fête, son **ADN** avait le vent en poupe...

Et Stella savait que la fête battrait son plein.

Elle savait que TOI et MOI, dans l'**A**mour **D**u **N**ouveau, ne ferait qu'UN...

Elle savait que cet oxygène pris, donné, offert, respiré, développait, construisait et fabriquait à l'image d'une ruche pour les abeilles ou d'un puzzle pour les enfants, la carte intérieure de la santé de Stella... Et que, de ces molécules indispensables à une vie, Stella l'offrirait à son tour... Pour que son **ADN** perdure, pour donner la vie, pour donner une chance à quelqu'un d'aimer et d'être aimé !

Et c'est ainsi qu'une fois sa transformation accomplie, Stella mit au monde un ange: TESS. Entre terre et ciel, Tess était née vieille dans le corps d'un nourrisson. Intérieurement vieille.

Extérieurement jeune. Elle allait vivre sa vie à rebours.

A rebours. Pour voir ce qu'elle aurait aimé voir changer dans sa vie actuelle. Comment aurait-elle voulu distribuer les cartes si elle recommençait à vivre? Les aurait-elle redistribuées ? A l'identique ?

A rebours. Pour vivre différemment ? Pour vivre autrement ?

Avec déjà sa sagesse, sa maturité, elle pourrait peut-être mieux savoir ce qu'elle voudrait. Et encore !... Quoique...

Tess voudrait vivre des moments de grâce. Avec des gens aux ondes magnifiquement positives.

TESS

...écrirait comme s'il/elle était dans la tête du sexe opposé en utilisant un vocabulaire uniquement du genre opposé [contrainte stylistique qui sert la compréhension et l'écriture].

TESS

Moi

...écrirait comme si elle était dans la tête d'un homme en utilisant un lexique uniquement du genre masculin [contrainte d'écriture qui sert la stylistique].

EPILOGUE

Pour toi, lecteur, qui es venu à ma rencontre et qui m'as suivie jusqu'au bord du gouffre de ma transformation et de mon **ADN** revisité, quelle a été la tienne? Il faut espérer que tu auras puisé dans mon parcours initiatique, un petit bout de ton existence pour t'approprier le bonheur.

Sache lecteur, qu'à divers moments, le bonheur ne m'a pas été donné, offert ou trouvé au hasard de mes promenades, je l'ai apprivoisé, avec l'acceptation du temps et d'accrocs inévitables.

Sache lecteur, que ta vie t'appartient et qu'il est doux de voir la pluie tomber, qu'il est doux d'entendre le tonnerre gronder. C'est aussi dans ces deux situations que l'on cherche refuge.

Comme seul hôte: ton coeur!

Alors, ménage-le.

Alors, caresse-le.

Alors, aime-le...

Car il a besoin de son double pour véritablement exister.

Hymne à l'amour!

La Little Enveloppe :